Cazadores de huracanes

EDICIÓN PATHFINDER

Por Beth Geiger

CONTENIDO

Cazadores de huraca

Estos científicos osados vuelan dentro de tormentas temibles.

Por Beth Geiger

nes

Una bochornosa mañana de setiembre de 2002, el capitán Chad Gibson abordó un avión en Mississippi. Con calma, se abrochó su cinturón. Sabía que las cosas estaban a punto de empeorar.

El huracán Lili avanzaba furioso sobre Cuba. La fiera tormenta ya estaba afectando el tiempo por allí. Y se estaba volviendo más fuerte. No obstante, Gibson planeaba volar a través del ojo del huracán.

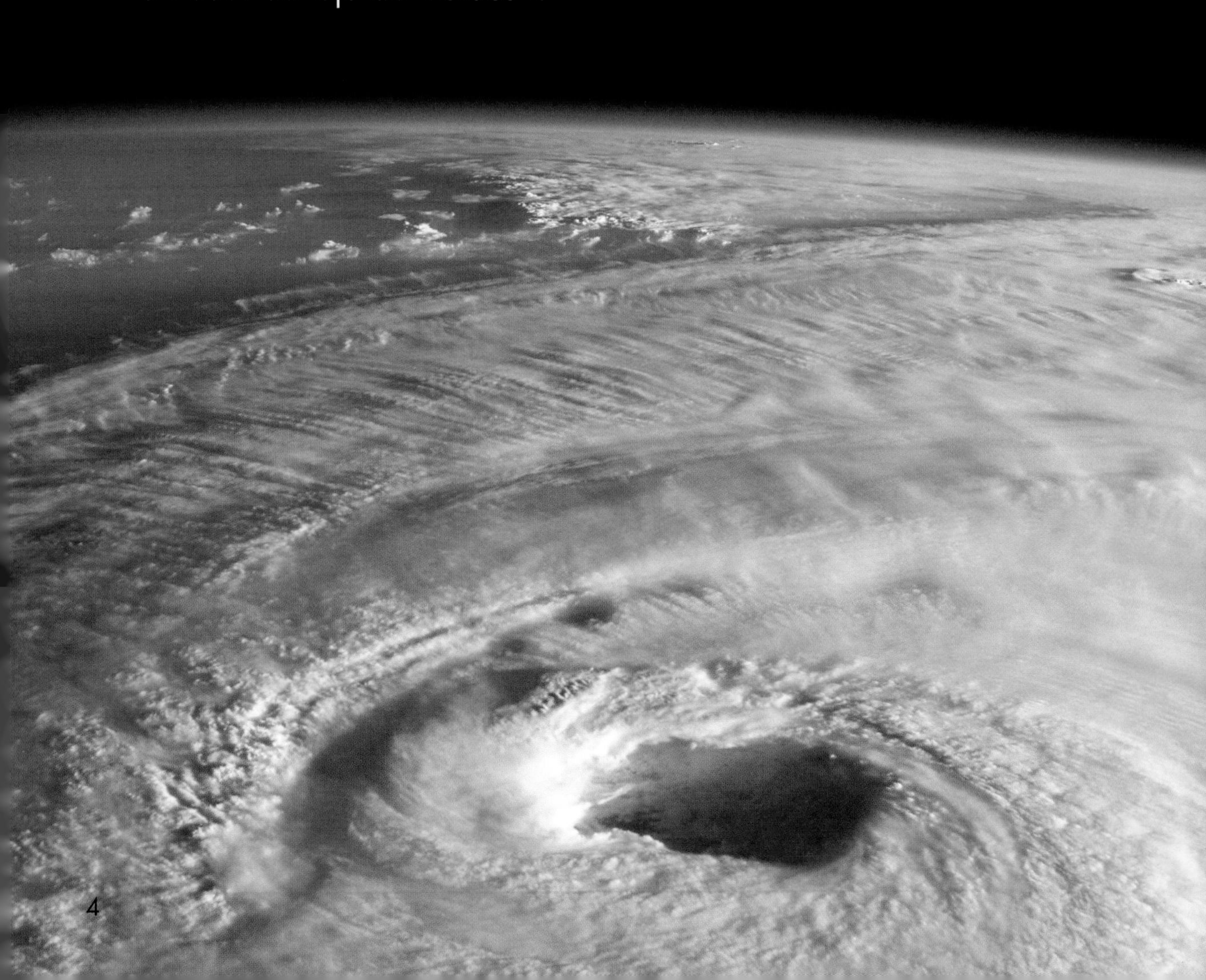

Listos para partir. *IZQUIERDA: Los cazadores de huracanes se preparan para volar a un huracán. IZQUIERDA EXTREMA: desde el espacio, un huracán se ve calmado. Pero las nubes se mueven a 74 millas por hora o más.*

Héroes de los huracanes

El capitán Gibson forma parte de una unidad de reserva especial de la Fuerza Aérea de los Estados Unidos. Se les conoce como cazadores de huracanes.

Los cazadores de huracanes aprenden todo lo que pueden sobre las potentes tormentas. Para recoger datos, los cazadores de huracanes vuelan en climas temibles.

El vuelo no es nada cómodo. El avión está caliente, mal ventilado y es ruidoso. Y los vientos hacen que el vuelo sea muy inestable.

Volar en huracanes suena peligroso. Lo es. Pero para Gibson es parte de su trabajo. "Es solo un trabajo", dice. "Un abogado va a su oficina. Nosotros nos subimos a nuestro avión".

Seis miembros de la tripulación vuelan en cada misión. No solo se sientan. Para ayudar a recoger datos, lanzan **radiosondas** en el huracán.

Una radiosonda parece un cilindro. Recoge la humedad, temperatura y velocidad del viento. Luego transmite los datos por radio al avión. La radiosonda tiene que ser sólida. Los fuertes vientos la arrojan por todos lados.

Temporada de huracanes

Los huracanes son las tormentas más poderosas y destructivas que se conocen. Incluso una suave tiene vientos constantes de al menos 74 millas por hora. En tormentas más fuertes, los vientos de los huracanes alcanzan más de 150 millas por hora.

Gibson dice que los huracanes tienen cientos de millas de largo. Pueden ser más grandes que muchos estados de los Estados Unidos combinados.

Los huracanes solo se forman en océanos templados y tropicales en ciertas épocas del año. La temporada de huracanes generalmente dura de junio a noviembre.

Los huracanes tienen inicios relativamente modestos. Por lo general, comienzan en forma de tormentas eléctricas. A veces, vientos ligeros soplan esas tormentas y las agrupan formando una tormenta eléctrica gigante.

Una tormenta eléctrica gigante es peligrosa, pero no es un huracán. A veces las nubes de la tormenta se juntan. Pueden formar una nube en remolino. Si los vientos de la nube alcanzan 74 millas por hora, se han convertido en un huracán. Cuando eso ocurre, a los pronosticadores del tiempo se les complica la cosa.

Los vientos están cambiando

La mayoría de los huracanes no causan muchos problemas. Permanecen sobre el océano. Unos pocos, sin embargo, van directo a tierra. Varios huracanes golpean los Estados Unidos cada año.

Es posible que unos pocos huracanes al año no parezcan mucho, pero las tormentas golpean contundentemente. Destruyen casas, forman olas enormes llamadas marejada ciclónica y producen inundaciones.

Si un huracán va en tu dirección, escucha los informes del tiempo. ¡Te conviene ponerte el impermeable e irte a otra parte! No te conviene estar allí cuando un huracán destructor llegue a la ciudad.

Volando dentro del huracán Lili

Gibson recuerda el huracán Lili. La tormenta se veía particularmente potente. Tenía lluvias fuertes y vientos de más de 110 millas por hora. Y se estaba volviendo más fuerte. "Eso daba miedo porque estaba dirigiéndose directamente a Nueva Orleáns", recuerda el capitán Gibson.

Los cazadores de huracanes necesitaban aprender dos cosas sobre Lili. ¿La tormenta era tan fuerte como se veía? ¿Golpearía a Nueva Orleáns?

A medida que Gibson volaba hacia la tormenta, podía ver una pared de nubes oscuras y agitadas frente a su avión. Eso marcaba la **pared del ojo** de Lili. Ese es el anillo interno y tormentoso de un huracán.

"La pared del ojo es la zona de los vientos más fuertes, normalmente", dice Gibson. "También había una cantidad extrema de rayos en el huracán Lili. Podías ver rayos de distintos colores, como azul y amarillo".

Segundos más tarde, el avión estaba dentro de la tormenta. La lluvia caía tan fuerte que Gibson casi no podía ver las puntas de las alas del avión. El avión se estremecía. De pronto,

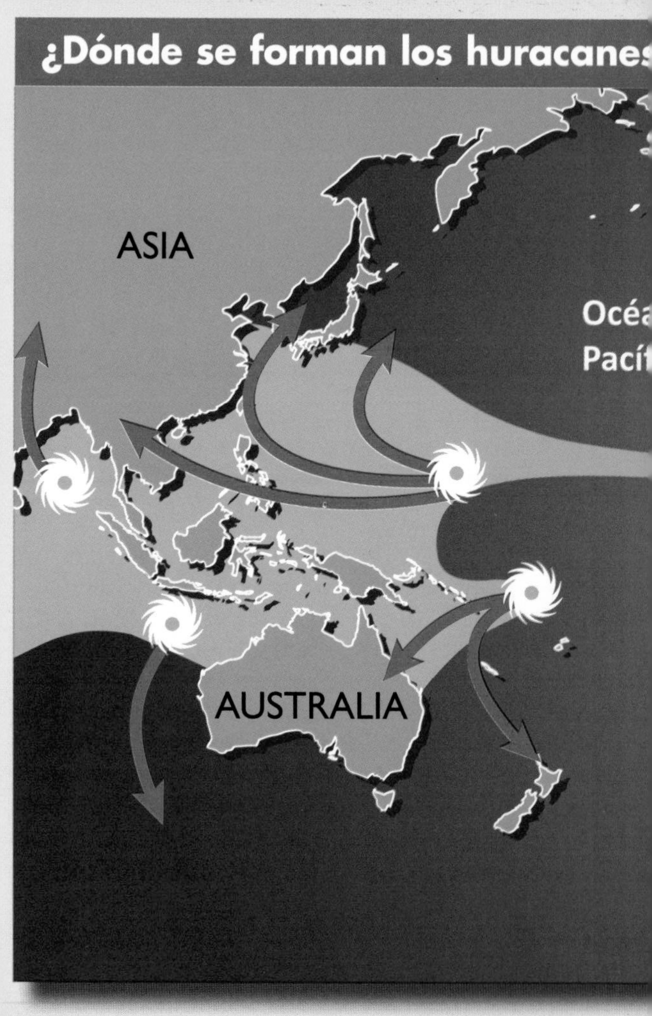

Marejada ciclónica. *Los vientos del huracán castigan la costa. Los vientos pueden tumbar árboles y destruir casas.*

empezó a caer. Todo y todos los que no estaban amarrados se golpearon contra el techo.

El ojo de la tormenta

Para aprender más sobre el huracán, Gibson revisó los datos transmitidos por radio de las radiosondas. Pero el avión estaba sacudiéndose tanto que no podía leer la pantalla de la computadora.

De pronto, todo dejó de temblar. El avión había llegado al ojo del huracán. Ese es el agujero en el centro de la tormenta.

Dentro del ojo, todo está absolutamente en calma. ¡Ni siquiera hay nubes! "Una vez que pasas la pared del ojo, puedes mirar arriba y ver un cielo azul despejado. Los vientos bajan a cero", dice Gibson.

Mientras estaban en el ojo, los cazadores de huracanes tenían que trabajar rápidamente. En menos de cinco minutos su avión cruzaría el ojo. Luego entrarían en la otra pared del ojo.

Después de la tormenta

Felizmente, Gibson y su tripulación recogieron los datos que necesitaban. Como resultado, se emitió una advertencia de huracán a Nueva Orleans. Con seguridad, Lili llegaría allí al día siguiente. Nadie salió herido.

Luego, Gibson y los otros cazadores de huracanes conocieron a algunas de las personas a quienes habían advertido sobre el huracán Lili. Una mujer vino y le dio un gran abrazo. Gibson le devolvió una sonrisa. "Para todos nosotros, eso resume por qué lo hacemos", dice, "es que en realidad salvamos vidas".

? *¿Cómo puedes prepararte para un huracán u otro desastre natural?*

Vocabulario

radiosonda: equipos para observar el tiempo, que se dejan caer en un huracán

ojo: parte central de un huracán

pared del ojo: pared de nubes que rodean el ojo de un huracán

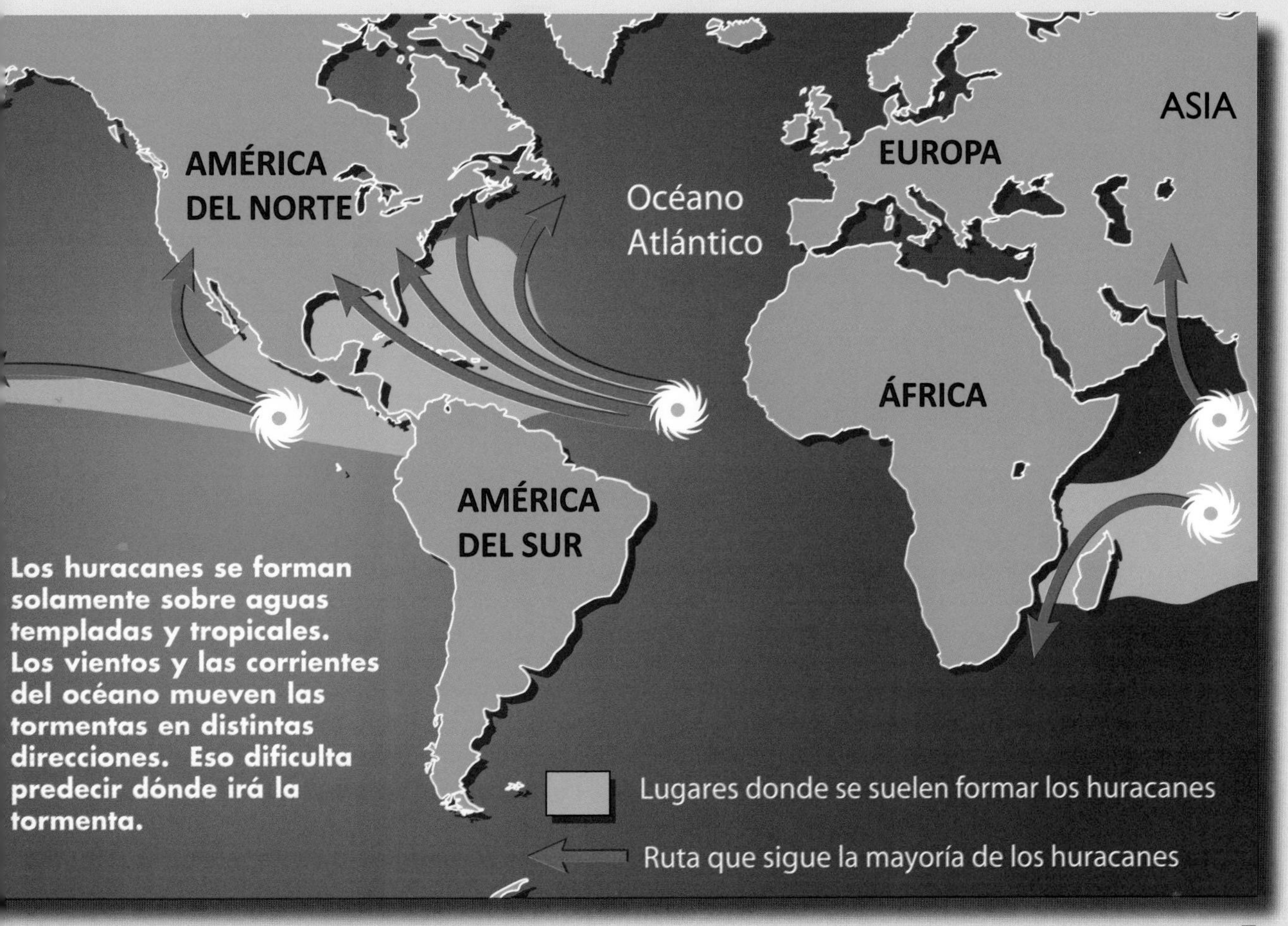

Los huracanes se forman solamente sobre aguas templadas y tropicales. Los vientos y las corrientes del océano mueven las tormentas en distintas direcciones. Eso dificulta predecir dónde irá la tormenta.

Un potente viento

Los huracanes son las tormentas más grandes de la Tierra. Sin embargo, son difíciles de estudiar. El interior de un huracán está escondido por nubes. Los vientos y olas grandes dificultan acercarse a las tormentas. Los científicos vuelan a los huracanes para ver lo que sucede. La tabla a continuación muestra las características ocultas de un huracán.

Escala de huracanes

Los pronosticadores del tiempo usan una escala para medir los huracanes. La escala les ayuda a predecir la cantidad de daños que causará un huracán.

Categoría	**Uno**	**Dos**	**Tres**	**Cuatro**	**Cinco**
Daño	Mínimo	Mediano	Amplio	Extremo	Catastrófico
Vientos	74–95	96–110	111–130	131–155	Más de 155

(en millas por hora)

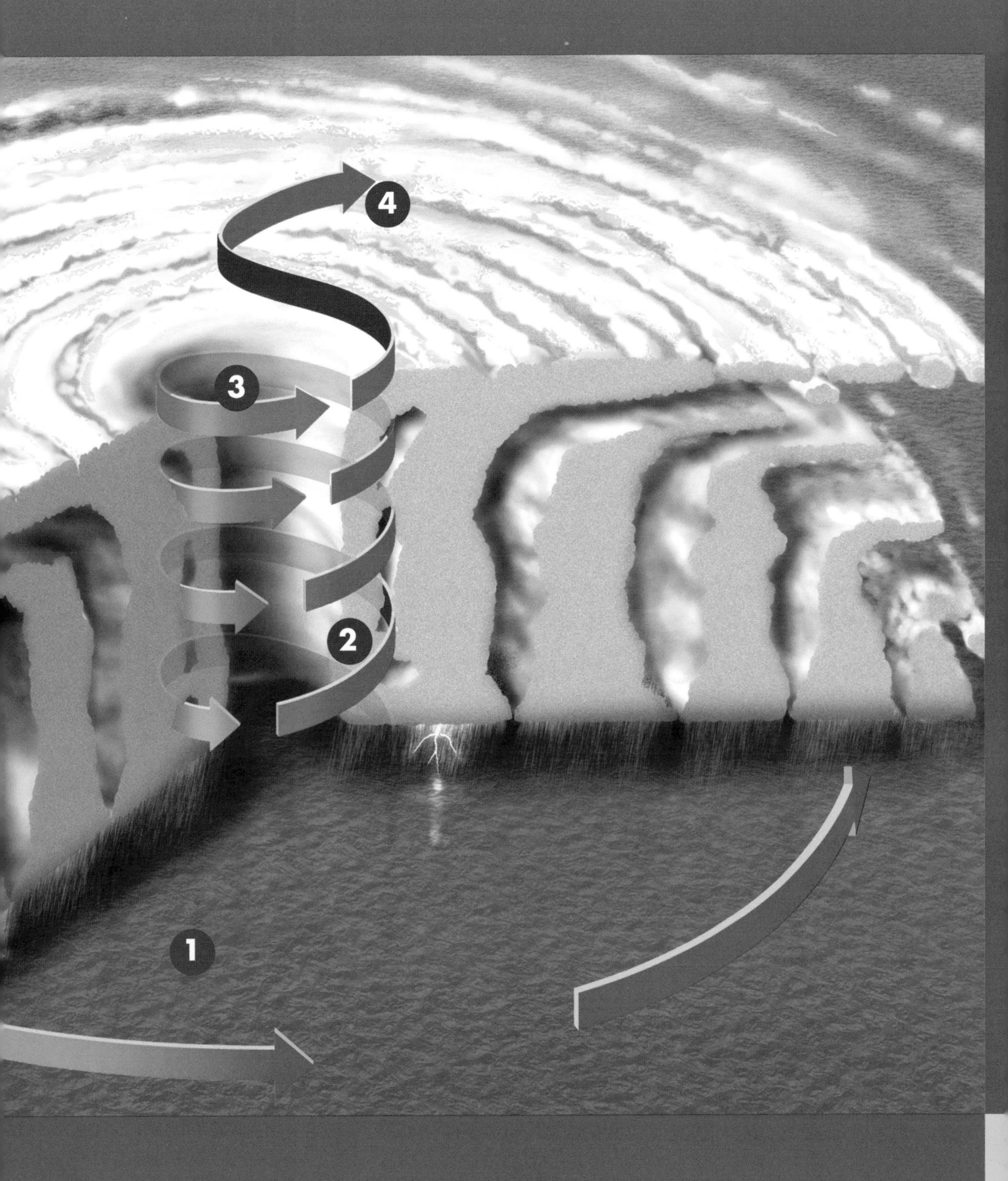

1. Los vientos soplan hacia el centro de la tormenta.
2. La pared del ojo tiene los vientos más altos. Los vientos pueden alcanzar 320 millas por hora.
3. El ojo de un huracán puede tener unas 15 millas de ancho.
4. Los vientos que se elevan se alejan de la tormenta.

Katrina gol

Los huracanes son poderosas fuerzas de la naturaleza. Cada año, llegan muchos a los Estados Unidos. La mayoría causa pocos daños. De vez en cuando, sin embargo, un huracán destruye todo a su paso. Eso es exactamente lo que hizo el huracán Katrina cuando golpeó a los Estados Unidos en 2005.

Un tormenta pequeña que creció

El huracán Katrina no empezó grande. Al comienzo, era una pequeña tormenta sobre el océano Atlántico. Luego sus vientos se hicieron más fuertes. El 25 de agosto, Katrina se convirtió en un huracán Categoría 1. La tormenta dobló en la costa de Florida. Dejó caer lluvias fuertes. Pero luego regresó al mar. Las personas creyeron que habían visto lo peor de Katrina. Había pasado sin causar muchos daños.

¡Estaban muy equivocados! En los próximos días, Katrina se volvió más veloz y también recogió toneladas de agua. En cierto punto, los vientos se enfurecieron a más de 170 millas por hora.

Los cazadores de huracanes rastrearon a Katrina de cerca. La vieron regresar a tierra. Sabían que golpearía con una fuerza devastadora. Así que advirtieron a la gente que se preparara para la peligrosa tormenta. Pronto, se les dijo a todos los que vivían a lo largo de la costa del Golfo de Louisiana, Mississippi y Alabama que evacuaran. Eso significaba que tenían que dejar sus hogares y encontrar lugares seguros donde poder quedarse.

Dejando la costa

La tormenta estaría en su peor punto en la costa. Así que la gente huyó al interior, lejos del océano. Cargaron sus autos con todo lo que pudieron. No sabían lo que pasaría con sus hogares y las cosas que estaba dejando atrás.

La gente pasó horas, e incluso días, en sus autos tratando de alejarse de Katrina. Los hoteles estaban llenos. Miles de personas no tenían dónde pasar la noche. Algunas familias tuvieron que acampar en sus autos o al costado del camino.

La catástrofe de Katrina

El 29 de agosto, Katrina volvió a golpear. a diferencia de la primera vez, esta vez fue un huracán de Categoría 4. La fuerza devastadora de Katrina cambiaría por siempre las ciudades que tocó.

Uno de los lugares más golpeados fue Nueva Orleáns, Louisiana. Katrina inundó el 80% de esta ciudad histórica. En algunos lugares, el agua llegó a los 20 pies de profundidad. Más de 50.000 personas quedaron atrapadas en la ciudad.

Las cuadrillas de socorristas trabajaron durante semanas para ayudar a todos los sobrevivientes. La ciudad y la gente que sobrevivió a Katrina nunca volverán a ser iguales.

Un huracán como Katrina nos muestra por qué los cazadores de tormentas son tan importantes. Sin sus advertencias, Katrina hubiera sido incluso peor. Quizás hubieran muerto millones de personas. Los cazadores de huracanes salvaron vidas.

Rescate en el tejado. *Muchos en Nueva Orleáns, como este hombre y su perro, quedaron atrapados en tejados luego de la tormenta.*

pea

Huracanes

Responde las siguientes preguntas para comprobar lo que has aprendido.

1. ¿Por qué un huracán es tan peligroso?

2. ¿En qué se diferencia la pared del ojo de un huracán de su ojo?

3. ¿Qué es una radiosonda? ¿Para qué les sirve a los cazadores de huracanes?

4. ¿Por qué es importante el trabajo de un cazador de huracanes?

5. ¿Cómo quedó afectada Nueva Orleáns por los huracanes Lili y Katrina?

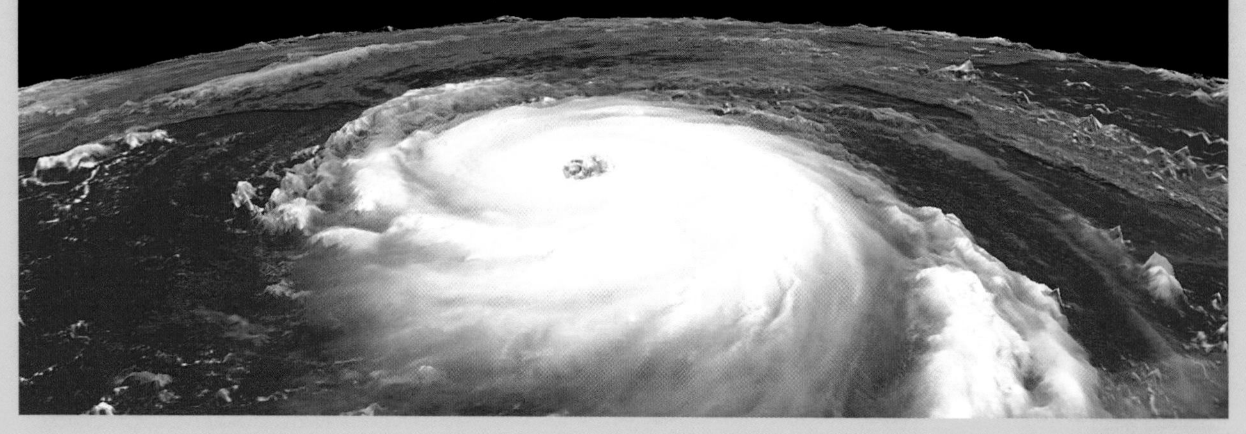